学ぶ人は、
変えて
ゆく人だ。

<sub>だい</sub>題 はもちろん、

<sub>か</sub>課<sub>だい</sub>題を<sub>みずか</sub>自ら<sub>み</sub>見つけ、

<sub>ひと</sub>挑み続けるために、人は<sub>まな</sub>学ぶ。

「<sub>まな</sub>学び」で、<sub>すこ</sub>少しずつ<sub>せかい</sub>世界は<sub>か</sub>変えてゆける。

いつでも、どこでも、<sub>だれ</sub>誰でも、

<sub>まな</sub>学ぶことができる<sub>よ</sub>世の<sub>なか</sub>中へ。

<sub>おうぶんしゃ</sub>旺文社

学校では
教えてくれない
大切なこと **48**

# 働くって
# どういうこと？

今の自分が未来をつくる

マンガ・イラスト　関　和之（WADE）

旺文社

# はじめに

テストで100点を取ったらうれしいですね。先生も家族もほめてくれます。

でも、世の中のできごとは学校でのテストとは違って、正解が1つではなかったり、何が正解なのかが決められないことが多いのです。

「私はプレゼントには花が良いと思う」「ぼくは本が良いと思う」。どちらが正解ですか。どちらも正解。そして、どちらも不正解という場合もありますね。

山登りで仲間がケガをして動けない。こんなときは「動ける自分が方位磁石にしたがって下りてみる」「自分もこのまま動かずに救助を待つ」。どちらが正解でしょう。状況によって正解は変わります。命に関わることですから慎重に判断しなくてはなりません。

このように、100点にもなり0点にもなりえる問題が日々あふれているのが世の中です。そこで自信をもって生きていくには、自分でとことん考え、そ

2

のときの自分にとっての正解が何かを判断していく力が必要になります。

本シリーズでは、自分のことや相手のことを知る大切さと、世の中のさまざまな仕組みがマンガで楽しく描かれています。読み終わったときには「考えるって楽しい！」「わかるってうれしい！」と思えるようになっているでしょう。

本書のテーマは「働くってどういうこと？」です。みなさんからすると、働く大人たちはなんだか難しいことをしているように見えるかもしれませんが、実は小学校の生活で身につけた力を発揮しているのです。小学校では授業や行事、クラスメートとの関わり…大変なことがいろいろあるでしょう。けれどもそこで得た経験は、みなさんが将来大人になって働くときに役に立ちます。その大切さを、この本で楽しみながら学んでみてください。

旺文社

3

# もくじ

4

**スタッフ**

●編集制作
　株式会社 KANADEL

●編集協力
　大沢康史

●装丁・本文デザイン
　木下春圭
　菅野祥恵（株式会社ウエイド）

●装丁・本文イラスト
　関 和之（株式会社ウエイド）

●校正
　株式会社ぷれす

# する仲間たち

## 虎井リコ
- 小学4年生。
- 引っこみ思案で おとなしい性格。
- そろばんを習っていて，計算がとても得意。

## 虎井フミノ
- リコの母。
- ヘッポコ製菓の企画部で，お菓子の新商品を企画する仕事をしている。
- しっかり者だが，計算だけはとても苦手。

## 虎井ケイタ
- リコの父。
- 仕事で海外に行っている。

## 虎井家の人たち

# この本に登場

## トラバッホ

- リコが誕生日プレゼントでもらった, しゃべるペンケース。
- 仕事についてとてもくわしい。

## リコのクラスメート

### 鶴川 マナミ

- 気が強いが, ほめ言葉に弱い。

### 獅子原シュウ

- リコの幼なじみ。
- リコといっしょに学習発表会の実行委員を務める。

## ヘッポコ製菓　企画部

### 猿渡ナナコ

- フミノの同僚。
- 明るくて元気な性格。

### 猪上タケシ

- フミノの同僚。
- チャラいけど真面目な性格。

8

10

# 大人は会社で何をしているの？

働 会社にはどんな人がいるの？

どうしよう…？
私がお母さんに…
お母さんが私に
なっちゃったの…？

ひぃぃっ

まんまりまじまじ
見ないで…。

鏡

どうやら
そのようね…。

きっとあなたが
原因でしょ!?

もとに
もどしてよ！

み…身に
覚えが
ありません…。

しょうが
ないわね…。

とにかく
もとにもどるまでは
リコが会社に行って
お母さんが学校に
行くしかないわ！

えーーーっ!!

ムリだよ！
私小学生だよ!?
働いたことなんて
ないもん！

うわーん!!

ジタ

バタ

ブキミだわ…

アタシの姿でだだ
こねないでくれる？

14

心配ないわ！ふだんから仕事に必要なことはタブレットにまとめてあるからね！

すごーい めっちゃ わかりやすい！

## 会社までの経路

津羽金伝社線 8番線乗り場
↓ 乗り換え
海苔可絵線 3番線乗り場
↓ 乗り換え

ドーリョー？ ジョーシ？

ナナコは同僚で、大狼部長は上司よ。

ナナコって部長ってえらい人だから部長？？

ナナコってだれ？大狼部長って

**Fumino Torai**

16時からナナコと大狼部長と〇〇社で打ち合わせ

まず会社の人の役職を教えてあげなきゃね。

ワタクシもお手伝いいたしましょう！

お…お願いします！

# いろいろな役職

会社では，チームで仕事をするよ。役割分担をしたり，リーダーを決めたりすることで，仕事が進めやすくなるんだ。会社での役職名は，その会社でどんな立場の人なのかを表しているよ。

## 管理職

会社で，チームをまとめて，だれにどんな仕事を任せるか決める人。スポーツチームでいうと，監督みたいなもの。「部長」や「課長」などの役職がある。ふつう，部長のほうが，課長よりも部下が多い。

虎井や猪上は，オレの部下だ。

大狼部長

## 一般社員

管理職から任された仕事をする人。

虎井フミノ

大狼部長は，アタシたちの上司よ。アタシは「主任」でもあるの。

猿渡ナナコ

うちの会社では，仕事でまとめ役をする一般社員を「主任」と呼んでいるよ。スポーツチームのキャプテンや，クラスの班長に近いかも。

会社の同じ場所で働いている人たちを「同僚」というっス。虎井先輩や猿渡先輩はぼくの同僚っス！

猪上タケシ

# ほかの役職も見てみよう！

※役職の名前は，会社によって
　ちがうことがあります。

**代表取締役**
会社の代表者のこと。
よく「**社長**」とよばれる。

会社の中には，たくさんの部署（チーム）があるの。管理職は，部署のリーダーなのよ。

**取締役**
代表取締役をサポートする人。「**専務**」や「**常務**」などとよばれる。

一般社員より上の人はみんな管理職よ。

**部**
部のリーダーは「**部長**」。

**課**
部の中のチームで，リーダーは「**課長**」。

**一般社員**
それぞれの部署で働く人たち。

# 会社にはどんな仕事があるの？

お母さんの会社ってお菓子を作ってるんだよね？

お菓子で未来をつくりたい
ハッポコ製菓

ときめきポテトチップス

ポテトチョ

パワーガム

企画部っていう部署でお菓子の新商品を企画しているの。

企画部ってお菓子の新商品を企画しているの。

どんな仕事してるの？

新しいお菓子を作ってるってこと？

んー…どんなお菓子にするか考えるのが仕事って感じかな。

どんなお菓子を作るか考えるのが仕事って感じかな。

実際にお菓子を作るのは製造部っていう部署の仕事よ。

ハートちゃんドラゴンあぁ

なんつーお菓子を想像してんのよ…

そのブショっていったい何！？

会社の中にあるチームで、それぞれ役割があるのよ。

役割？

？

説明いたしますゾ！

# いろいろな仕事がある

会社には，仕事の内容ごとにいろいろな部署があるよ。フミノが働くお菓子メーカーにはどんな部署があるのかな？

## 企画部
新しい商品のアイデアを考える。

## 製造部
アイデアを形にして，商品を作る。

## 営業部
会社の商品の特徴やよいところを紹介して売りこむ。

## 販売部
商品をほしいと思っている人たちに売る。

## 宣伝部
会社の活動や商品について社外にアピールする。

## 経理部
会社全体のお金の管理をする。

## 総務部
みんなが働きやすい環境を整える。

## 法務部
会社の法律関係の仕事を管理する。

## 人事部
みんなが力を発揮できるように，役職や部署などを決める。

会社のことはなんとなくわかったけど、まだ不安だなぁ……。

ケセラセラ～。

実際に仕事をしながら覚えていけば大丈夫ですゾ！

ケセラ……？

ケセラセラ！

何？

「なるようになるさ」みたいな意味ですゾ！

なるようにねえ……。

いい言葉でしょー

ていうかついてくるのね？

そりゃもちろん！

仕事で困ったことがあったら、なんでも聞いてくだされ！

ににに人形がしゃべってん だけど……!!

ゲッ……!

ふ…腹話術の練習ですゾ！

さいならー!!

ピュー

ちゅん ちゅん

カッ カッ

いやー……実にケセラセラでしたな！……。

ふ…。

使い方合ってんの～？

20

# リコ、初めての通勤

時間を守るのは仕事の基本

ここがお母さんの会社か……。

やっと着いた〜……。

ここどこ!?

かなり道に迷いましたな……。

迷った!

はぁぁ…

ママ殿の所属してる部署はここですゾ!

緊張するなぁ〜……。

おはようございます!

ガチャ

企画部

企画部

あ…あれ?だれもいない…。

リコ殿!タブレットをチェックですゾ!

ガラ〜ッ…

10時から全体会議

16時からナナコと

あぁっ！10時から会議!?

22

1章 大人は会社で何をしているの？

## 時間を守るのはどうして大切なの？

約束の時間を守れないと，信用を失ってしまうんだ。信用を失うような出来事が続くと，仕事をたのんでもらえなくなるなど，会社全体に悪い影響があるかもしれないよ。小学生の今のうちから，時間を守るように心がけよう。

### なぜ時間を守るの？

あと5分でバスが来るな。

みんなが時間を守るから，社会がうまく動いているんだ！

### 時間を守らないとどうなる？

仕事相手やお客さんを困らせてしまうよ！

### 時間を守るには

| やりたいこと | 時刻 | かかった時間 |
|---|---|---|
| 睡眠 | 21：30 ～ 7：30 | 10時間 |
| 身じたく | 7：30 ～ 7：50 | 20分 |
| 朝食 | 7：50 ～ 8：30 | 40分 |
| 通勤 | 8：30 ～ 9：30 | 1時間 |

身じたくに時間がかかっちゃった…。

30分早く起きてはどうですかな？

ピョイッ

#### 一日のスケジュールを確認
自分の一日のスケジュールを書き出すと，何にどのくらい時間がかかっているかがわかるよ。

#### 余裕をもって行動する
作業にかかる時間を目安に，余裕をもったスケジュールを立てよう。

1章 大人は会社で何をしているの？

※コンセンサスを取る…相手が自分と同じ意見であることを確認するという意味。
※シェア…ひとつのものをふたり以上でいっしょにもつこと。

28

# メモを取るときのポイント

相手が話していることや会議の内容などについてメモを取ると，情報を整理できるよ。このポイントは，学校の授業でノートを取るときにも役立つんだ。

日にちを書こう
いつ書いたメモなのかわかると後でふり返りやすい。

学校でノートを取るときは，教科書のページ数を書いておくと，復習しやすくなるよ！

会議のタイトルを書こう

9/2 (月) 11:00～12:00
〔○○○シリーズ 企画会議〕

出席者 ・大狼部長 ・猪上さん
・猿渡さん ・牛島さん
・馬場さん ・鳥海さん

検討事案
・〜〜〜〜〜〜〜〜〜
・〜〜〜〜〜〜〜〜〜
・〜〜〜〜〜〜〜〜〜

・〜〜〜〜〜〜〜〜〜〜〜
・〜〜〜〜〜〜〜〜〜〜〜

決定事項
・〜〜〜〜〜〜〜〜〜〜〜
・〜〜〜〜〜〜〜〜〜〜〜

次回の会議　9/11 (水) 11:00～12:00

次回までに用意するもの
・〜〜〜〜〜　・〜〜〜〜〜
・〜〜〜〜〜　・〜〜〜〜〜

大事なところには色を付けよう

重要なポイントやキーワードを書こう
会議の内容をすべて書く必要はない。

授業では，黒板に書かれたことだけじゃなく，先生が言った大事なこともメモしよう！

# 大人が仕事で使う言葉

仕事での言葉づかいは，友だち同士で話すときとはちがってくるよ。ていねいな言葉づかいをしないと，相手に対して失礼になってしまうんだ。

学校でも，先生に話しかけるときはこちらのほうがいいですゾ！

## 会社で大人が使っている言葉をいくつか紹介するよ！

友だち

わかった！明日行くね！

会社

かしこまりました。明日うかがいます。

「わかった」が「かしこまりました」，「行く」が「うかがいます」に変わっているね。会社では，「明日」も「あす」か「みょうにち」と言うよ。

「御社」は相手の会社のことで，「弊社」は自分の会社のことだよ。相手の会社のことを文字で書くときは「貴社」と書くんだ。

自分の会社以外の人に，自分の会社の人の名前を言うときは，「様」や「さん」をつけない言い方が正しいよ。

ほかにもある！

## 使うと会社員っぽい言葉

自分の会社の人に使うあいさつ。

自分の会社以外の人に使うあいさつ。

お願いをするときに使う言葉。

1章 大人は会社で何をしているの?

# 相談のしかた

困ったことやわからないことがあるときには，周りの人に相談して，ひとりでかかえこまないことが大事だよ。学校の先生に，授業でわからないことを質問したいときにも参考にしてみて！

### 考えを整理する

話す内容を頭の中で整理しておくと，話がうまく進むよ。

### 相手の状況を確認

相手があなたの相談に乗れる状況かどうかを確認しよう。

### 感情をぶつけない

感情に任せて，一方的に話しすぎないようにしよう。感情的になりそうなときは深呼吸をしてみて！

### お礼と報告をする

相談内容について，その後どうなったのか報告すると，相手も安心できるね。

お礼と報告をていねいに伝えると，
今後も相談に乗ってもらいやすくなりますゾ！

ふー
打ち合わせも
無事終わったー。

くはーっ

おつかれさま。
休憩室で何か
飲もっか。

コーヒーで
いい？

あ、オレンジ
スカッシュで。

ジュース？
めずらしいね。
いつもブラック
コーヒーなのに。

た…たまには
甘いの飲みたく
なって…。

ほぃ

休憩室

コーヒー
ブレイク※っスか？

おつかれさま。

おつかれさま
っスー。

猿渡先輩は
コーヒーに
こだわりが
あるんスよね？

そうなの！

ウキャ

※コーヒーブレイク…コーヒーなどを飲みながら短い時間休憩すること。

36

本格的なコーヒーメーカー買いたいんだ～♪

ほかにもいろいろ調理家電ほしいし…がんばって働いてお金貯めなくちゃな～。

じゃあ猿渡先輩が働いてる理由って、ほしいものを自由に買えるようにするためってことスか？

まあ そうだね。

猪上くんはどうなの？

ぼくは人の役に立ちたいってのが働いてる理由っス！

意外に立派！

虎井先輩は？

え…!? 私は～……。

あ！いけない！次の打ち合わせ始まっちゃう！

うお！もうそんな時間スか!?

大人が働く理由っていろいろあるんだね～。

お母さんはなんのために働いてるのかな？

いっしょに考えてみましょうゾ！

# 働く理由と働きがい

働く理由も，働きがいを感じるときも，人それぞれ。身近にいる大人に，働く理由や働きがいについて聞いてみよう。

## どうして働くの？

ナナコ

自分の趣味や生活を充実させるためにお金が必要だから，働いて貯金してるの。

猪上

人の役に立ちたいからっス！　だれかのために働く人はカッコいいっスからね。

社員A

自分の能力を最大限に発揮したくて働いてる。新しい能力が身に付くのも楽しい！

社員B

家族や子どもの生活と未来のためにお金が必要だから，働いています。

## どんなときに働きがいを感じる？

ナナコ

お客さんの喜ぶ姿を見て，「自分の想いが届いた！」って感じられたときだね。

猪上

先輩や仲間からの信頼と期待に応えることができたときっスね！

社員A

わくわくする経験ができたときとか，「もっと勉強したい」って思えたときかな。

社員B

仕事の成果を上司や周りの人から高く評価してもらえたときに，働きがいを感じます。

1章 大人は会社で何をしているの？

# お給料って全額もらえないの!?

会社からお給料をもらったよ！
「給与明細書」っていう紙に，お給料の
金額が書いてあるみたいだけど…。

## 給与明細書 2024年10月分　　株式会社 ヘッポコ製菓

所属：企画部第一課　　社員番号：012345　氏名：虎井フミノ

| | 基本給 | 役職手当 | 資格手当 | 住宅手当 | 通勤手当 | | |
|---|---|---|---|---|---|---|---|
| 支給 | 280,000 | 10,000 | 0 | 0 | 12,000 | | |
| | | | 時間外手当 | 休日手当 | 深夜手当 | | |
| | | | 25,200 | 0 | 0 | | |
| | | | | | | 総支給額 | 327,200 |

| | 健康保険 | 介護保険 | 厚生年金 | 雇用保険 | | 社会保険料 |
|---|---|---|---|---|---|---|
| 控除 | 16,000 | 0 | 29,280 | 1,963 | | 47,243 |
| | 所得税 | 住民税 | | | | 控除合計 |
| | 7,190 | 10,300 | | | | 64,733 |

| | 出勤日数 | 欠勤日数 |
|---|---|---|
| 勤怠 | 22 | 0 |

保険料には，「健康保
険」や「介護保険」
などの種類があるよ。

差引支給額
262,467

### 控除
お給料が支払われる前
に，引かれる金額。

税金には，「所得税」
や「住民税」などの
種類があるよ。

※数値は参考値です。

実際にもらえるのは「総支給額」じゃなくて，
「差引支給額」ってことなんだね…。

控除には，税金や保険料などが
ありますゾ！

## 税金

みんなが生活する上で必要な設備などを整えるために，国や地域がみんなから集めるお金のこと。働いてお金をもらった人は，所得税や住民税という税金を支払わなければならないよ。

### 税金の使われ方の例

学校の設備や教科書を作るためのお金

小学生も税金を払っていますゾ。100円のノートを買うと10円の消費税が足されて，110円払いますゾ！

（※ 2024 年 5 月現在）

 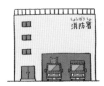

警察署や消防署の運営費

## 保険料

病院でかかるお金（医療費）や，大きな病気・ケガをした人やお年寄りが生活するために受け取るお金（年金）などをみんなで出しあうために支払うお金のこと。

今年で65歳

そろそろ仕事を引退するかねぇ…。

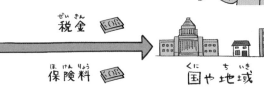

税金

保険料

国や地域

会社

給料

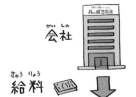

会社員

会社は，会社員の代わりに税金や保険料を計算して，国や地域に直接支払ってくれますゾ。

これから新商品の企画に向けてキックオフミーティングを始めます。

子ども向けのお菓子の企画で何かアイデアのある人は発言してください。

会議室

キックオフミーティング？

サッカーでもするの？

ボソ

ボソ

新しい企画を始めるときの最初の打ち合わせのことですゾ！

焼き鳥味のスナックってどうスか？

焼き鳥ねぇ。

ボソ

ボソ

Kick off!

フミノはどう思う？

そーだな…。

焼き鳥って子どもはあまり食べない気がする。

じゃあ先輩はどんなお菓子がいいと思うんスか！

え…。

え〜…？

42

イチゴパフェ味の
チョコとか？

イチゴパフェって
イチゴの味も
クリームの味も
あるのにどーやって
チョコで再現
するんスか？

どうしよ…。
ロゲンカみたいに
なってきちゃった…。

ここはナナコ殿が
どうするか
見てみましょうゾ！

ヒソ
ヒソ

ガタッ

猪上くん
落ち着いて。

猪上くんが
子どものお菓子に
焼き鳥味を考えたのは
どうして？

子どものときに
お父さんが
食べてるのを見て、
すごくおいしそう
だったからっス。

じゃあ
その理由を
盛りこんで
企画書を
まとめてみて。

うめー

フミノは甘いもので
ほかに候補がないか
考えてみて。

は…
はーい。

さすがナナコさん。
おかげでケンカに
ならずに済んだ…。

相手の意見は
ていねいに聞くことが
大事なんですゾ！

キリッ

# 相手が話しやすい「場」を作ろう

だれかに意見を求めるときは，その相手が意見を言いやすくなる環境を作るようにしよう。どんなことをすれば話しやすい「場」になるのか，紹介するよ。

## ①まずは自分の意見を言う

それを基準にして話すことができるから，相手も意見を言いやすくなるんだ。

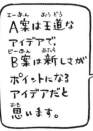

A案は王道なアイデアで，B案は新しさがポイントになるアイデアだと思います。

猪上さんはAのアイデアは好きですか？

## ②質問は簡単な内容のものからにする

好きかきらいか，賛成か反対かなど，簡単な質問から始めると相手も答えやすいね。

## ③相手の意見を最後まで聞く

自分の意見を最後まで聞いてもらえなかったら悲しいよね。それに，おたがいの意見を最後まで聞かないと誤解が生まれることもあるよ。

ぼくはA案が好きっス。B案はもっとこうしたほうが…

うんうん

猪上さんはA案が好きということでしたが，どんなところが好きなんですか？

## ④相手の意見を尊重する

自分とはちがう意見だとしても，やみくもに反対しないようにしよう。どうしてそう思うのかの理由などをていねいに聞くと，相手の意見をより深く理解できるよ。

それでは次回は猪上くんとフミノのアイデアをもとに、具体的な企画の進め方を決めていきましょう。

おつかれさまでした〜。

先輩！さっきは強く言い返しちゃって失礼しましたッス！

いやいや！気にしないで！

やっぱり甘いお菓子は子ども向けの定番っスよね。

私だってお父さんの焼き鳥食べたかったから、猪上さんの気持ちもよくわかったよ。

私もお酒が飲めるようになったら焼き鳥でビール飲んでみたいなー！

え？

先輩お酒強いっスよね？

オラァ！酒だ酒ぇ！じゃんじゃん持ってこーい！！

え…！あ！ちょっと今…

禁酒してて！

勝手に禁酒しちゃっていいんですかなぁ…？

# フミノの小学生ライフ

46

# 2章
## 学校も会社も大変だ！

# みんなの意見をどうまとめる？

キーンコーン…

こ…これから学習発表会の出し物を決めたいと思います…！

なんで私が実行委員なの〜…？

ごめん、実行委員になっちった！

リッコーホしちった♡

ええええ!?

お母さんたら余計なことを…！

リコ…大丈夫か？

あ…ああ！なんでもない！

ぼくは演奏会がやりたい！

え〜？劇のほうがいいと思う！

獅子原シュウ
リコの幼なじみ

ちょっと！みんな落ち着けって！

演奏会！

劇！

リコ殿！昨日会社でやったキックオフミーティングを思い出すのですゾ！

あ！そっか！

ボーッ

48

み、みなさん！だれかが意見を言っているときは最後まで聞きましょう。

別の意見がある人はそのあとに手を挙げてください。

…というわけでみなさんの意見をふまえた結果、

職員室

音楽劇にしたいと思います。

ふたりともおつかれさま。

時間内にクラスの意見をまとめることができたね。

正直、今日中に決まらないかと思ってたよ。

もし今日中に決まらなかったらどうするつもりだったんですか？

猫本タイガ
リコのクラスの担任

大丈夫！いざとなったら意見をまとめるコツを教えてあげるつもりだったからさ。

意見をまとめるコツ！？

お…教えてください！

# 意見をまとめるときのコツ

たくさんの人たちといっしょに，ひとつのことに取り組むときには，さまざまな意見をまとめる必要があるね。みんなが納得できるように進めるためのコツを見てみよう。

## 目的を決めておく
話し合いの途中で話がそれてしまっても，目的に立ち返ることができれば，話し合いを順調に進められるんだ。

## 決め方を確認しておく
決め方を確認するときに，「どんな結果になってもみんなで協力する」などのルールも事前に伝えておくといいね。

## 意見が通らなかった人の気持ちも尊重する
意見が通らなかった人の気持ちを聞き，問題を解消できないか考えよう。

みんなで決めたことを達成するには，さまざまな意見を積極的に取り入れることが大切だよ！

**2章 学校も会社も大変だ！**

学習発表会
じゅんび!!

ここのセリフは
さけんだほうが
カッコいい！

それだと
わざとらしい
ってば！

台本係が
ケンカ
してるよ〜…。

あんなんで
ちゃんと台本
できるかなぁ……。

小道具の
準備とか地味で
つまんなーい。

ちょきん

わかるー。
ほかの係もまじめに
やってないし。

うちらも
サボって
よくなーい？

鶴川 マナミ

リコのクラスメート

マナミが実行委員
だったらやる気も
出たのにね〜。

そもそも、
なんで私が
小道具係なの？

ジロ…

…………。

いいかげんに
しろよ！

52

2章 学校も会社も大変だ！

# リラックスしよう

学校生活でも，会社で働くときでも，心と体の健康を保つことがいちばん大切だよ。不安を感じたり，気持ちが落ちこんだりしたときは，心と体をリラックスさせよう。

### 深呼吸をする

不安や緊張を感じたときは，大きく深呼吸をして気持ちを整えよう。

### ストレッチをする

ストレッチをして体の緊張がほぐれると，心もリラックスするよ。

### 好きなことをする

自分の好きなことに集中して取り組むと，気分転換になるんだ。

### 自分の気持ちを書き出す

自分の気持ちやなやみを紙に書き出すと気持ちがスッキリ！

### 睡眠をとる

しっかりと睡眠をとり，体と脳を休めるとストレスが解消されるよ。

> ムリはよくないですゾ！ときには，心にも体にも，休憩が必要ですな〜。

# よい計画を立てるのが成功のカギ

ええええっ！

企画リーダーになっちった！

しかも新商品の企画リーダーになってるし…。

またお母さんの会社に来ることになるとはね…。

また
リーコーホ
しちゃった♥

また
リーコーホ
しちった♥

元気ないっスね！

虎井先輩！

私には絶対ムリだよ〜……。

会社では企画リーダーなんて…。

学校では実行委員…。

うわぁ！

もしかして新商品のことでなやんでるんスか？

ま…
まあね……。

企画リーダーだしまずは何から手をつけようかと…。

56

# ToDo リストを作ろう

やるべきことが多くなればなるほど，管理が難しくなるよ。自分が何をしなくてはいけないのかをわかりやすくするために，ToDo リストを作ろう。「ToDo」とは「やるべきこと」という意味だよ。

## ToDo リストを作ると…

### 管理をしやすい

いつ何をすればいいかが一目でわかるので，予定の管理をしやすくなる。

### ミスをふせぐことができる

やり終わった項目にチェックをつけていくと，まだやっていないことがわかりやすくなるので，やり忘れにくくなる。

## ToDo リストの作り方

### ❶やるべきことをすべて書き出す

### ❷作業時間を書きこむ
どの作業にどれくらいの時間がかかるか考えよう。

### ❸期限（しめ切り）を書きこむ

### ❹終わったらチェックをつける
リストにチェックを入れたり線で消したりして，終わったことがわかるようにしよう。

| | やること | かかる時間 | 期限 | メモ |
|---|---|---|---|---|
| ✓ | 資料確認 | 2 時間 | 9/23（月） | 〰 |
| ✓ | 書類作成 | 3 時間 | 9/23（月） | 〰 |
| | 打ち合わせの準備 | 1 時間 | 9/24（火） | 〰 |
| | | | | |
| | | | | |
| | | | | |

よーし！
なんとかひとつ
資料が完成した！

リコ殿も
文字入力が
だいぶ速く
なりましたな！

えーっと…
次は〜…。

ふむ。

**ToDoリスト**
・できた資料を猪上さんに
　確認してもらう
　（しめ切りは明日の午前中）

猪上さーん。

猪上なら
休憩室に
いましたよ。

キョロキョロ

ありがとう。

猪上さーん。

猪上なら
昼飯食べに行っ
ちゃいました。

えーっ！

しかたない…。
帰ってくるまで
待つか…。

ワタクシとしたことが！

リコ殿に「優先順位」の話をし忘れてましたな！

ユーセンジュンイ？

そんなことよりTODOリストがあってもなんだかうまくいかないんだけど…。

そのための優先順位ですゾ！

やることがたくさんあるときに「何からやるべきか」を決めるってことですゾ！

しめ切りが早い
→急ぎ
優先順位が高い

たとえば、しめ切りが早いものは優先順位が高いってことですな！

夏休みとか宿題が多いときにも、優先順位をつけるのが役に立ちますゾ！

宿題…

そうか！

このTODOリストを今のお母さんにわたして…

タンタタン
タンタン
ターン！

できた！

**ToDoリスト（優先順位）**
①国語の宿題をやる。
②社会の宿題もやってしまう。
③理科の宿題すらやる。

苦手な宿題を先にやってもらおう…。

もとの体にもどることを優先しないんですかな？

ズ

62

# 優先順位をつけてみよう

ToDo リストで「やるべきこと」がわかったら，今度は「何からやるべきか」について考えよう。優先的にやるべきことがわかると，効率的に作業を進めることができるよ！

## 優先順位の考え方

### 何からやるべきか考える

ToDo リストの項目の中から，期限が近い作業や重要な作業を優先的に行うようにしよう。

### 作業に必要な時間を考える

時間がかかりそうなことは早めに取り組むといいよ。

## 優先順位を決めるのが難しいときは…

### すぐに終わりそうなものから

すぐに終わる作業や細々とした作業を先に終わらせてから，時間がかかりそうな作業についてゆっくり考えるといいよ。

### ほかの人といっしょにする作業から

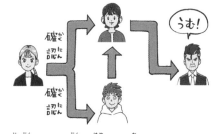

自分がする分を早めに終わらせておくと，ほかの人を待たせずに済むよ。

調べるってどうしたらいいの？

64

2章 学校も会社も大変だ！

# お菓子の市場調査のポイント

お菓子の新商品を企画するためには，どんなお菓子が売れているか調べる必要があるよ。人気商品がわかったら，なぜそれが売れているのかを考えるんだ。これを市場調査というよ。

## 取材に行く

直接お菓子売り場に行って，どんな商品が売れているか調べるよ。お店の人に聞いてみるのもいいね。

## ネットで調べる

最新の情報を知りたいときに役立つよ。ネット上でアンケートを取って，たくさんの人の意見を集めるのもいいね。

## 本で調べる

大まかな知識や歴史的なことについて知りたいときに役立つよ。

## なぜ売れているのか考える

いろいろな場所で調べた結果を見比べながら，その商品が売れている理由を考えよう。

学校でする調べ学習や自由研究にも，市場調査のやり方が役立ちますゾ！

66

2章 学校も会社も大変だ!

# 会社のお金でお菓子が食べ放題！？

会社のお金で，お菓子が食べられるなんて…ステキ！

食べすぎじゃない？

あくまでも，ほかのお菓子を調査して，もっといい商品を作るために買ってるんだからね！

**仕事をするために必要なお金のことを経費というよ。**

たとえば…

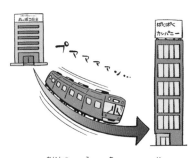

ほかの会社に打ち合わせに行ったときの電車賃。

ほかの会社の部長とカフェで打ち合わせをしたときの飲食代。

こうしたお金は，会社が支払ってくれますゾ。

# 経費精算って何？

経費をいったん自分で支払ったときに，後で会社から払いもどしてもらう手続きをすることを「経費精算」というよ。何にいくら支払ったのかを，会社に報告する必要があるんだ。

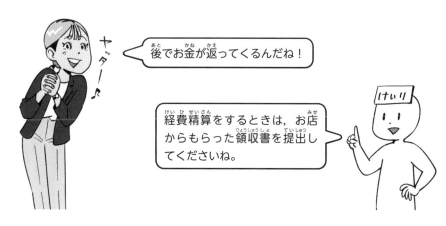

後でお金が返ってくるんだね！

経費精算をするときは，お店からもらった領収書を提出してくださいね。

## 領収書

何を買ったのかを証明する書類だよ。領収書の代わりにレシートでも OK な場合もあるよ。

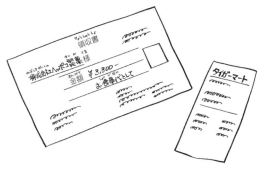

それは経費になりません！

うっ…！

ほらね…

経費は，会社が利益を出すために使うお金なんだ。だから，会社の仕事に関係のないものを買っても，経費精算はできないよ。

70

# 自分で考えて行動しよう

学校でも会社でも，みんなで何かに取り組むときには，人に言われたことだけではなく，自分で考えて行動することが大切だよ。それができると，やる気がなかったことにも楽しく取り組めるかもしれないね。

### まずは周りを見てみる

自分の周りを見て，何か足りないものがないか，困っている人がいないかなど，問題点を探してみよう。

### 自分にできることをする

見つけた問題を解決する方法を考えて，自分なりに行動してみよう。

## 自分から行動できるようになると…

### 周りから信頼される

ほかの人の意見に流されることなく，自分で考えて判断ができる人は，意見がぶれないよ。だから，周りの人からも信頼されるようになるんだ。

### 自信がもてる

自分で考えて行動したことがうまくいくと，自信がもてるようになるよ。

# どうしたらうまくお願いできる？

たとえこの身が くち果てよう とも…、

私たちの 夏休みは 終わらない…。

どういう ことだっ!?

うーん…。

ボリ ボリ

音楽げき 練習時間

みんなの練習とか 準備とかで気に なるところが あるんだけど…。

リコ どうした？

う〜〜ん…！

マナミ すごーい♪

できたわ！

魔法ステッキ！

ちんまり

ゲリカ？

一生懸命 やってるし 言い出し づらくって…。

そういう ことか…。

なるほど…！

くぅ…！

とりあえず 放課後みんなに いっぺん話して みようぜ。

なやんでたって しょうがない。

74

鼠谷さんのセリフを…その…

もっと大きな声で言ったほうがいいかなと思って…。

今さら演技を変えろっていうの…？

鼠谷 チュウ
リコのクラスメート

鼠谷は演技力あるから、

いろいろ試す価値はあると思うんだ。

ま…まあそこまで言うなら…

次の練習から変えてみるわ…。

しかたない子たちね…

シュウちゃんうまーい♪

ドキ…！！

小道具のことなんだけど…。

何か問題でもあるの？

も…もっと大きいほうがいいと思うんだよね…。

私の自信作にケチつけようっていうの!?

ガタッ

# お願いするときのポイント

だれかに何かをお願いするときには，相手の気持ちや事情などを思いやることが大切だよ。気持ちよく引き受けてもらうために，伝え方も工夫しよう！

## ①タイミングに気を付ける

相手がいそがしそうなときにお願いごとをするのはやめておこう。いつならお話しできるか，相手に確認するといいね。

## ②理由を伝える

どんなことのために，どうしてお願いごとをしたいのかを，ていねいに説明しよう。

## ③いつまでにお願いしたいか伝える

相手の予定を確認してからお願いすると，引き受けてもらいやすくなるかも。

## ④サポートする

「わからないことや困ったことがあったら相談してください」などと伝えておこう。相手をサポートすることも大切だよ。

# おたがいにフォローしあおう

キーン
コーン……

ふたりとも…
ちょっといい？

えっと…
衣装係の……。

ころもちゃん！

服部ころも
リコのクラスメート

じつは…まだ
手を付けられて
いない衣装が
あって……。

本番までに
間に合いそうに
ないの…。

ごめんなさい…。

塾も休んで家でも
作ってるんだけど…。

ありがとう。
でも、

どうしよう
かな〜…。

作業があまり
進んでない子も
いれば、

進んでる子も
いると思うん
だよね。

作業が進んでて
時間がある子に
手伝ってもらえば
いいんだ！

そうか！

# 積極的に協力しあおう

学校でも，会社でも，みんなで何かに取り組むときには，協力して助けあうことが大切だよ。

## 一人ひとりの状況を
## おたがいに確かめておこう

だれが，どのくらい，どんな作業をしなくてはいけないのかをみんながわかっていると，問題が起きても手助けしやすくなるよ。

## 困っている人がいたら
## 声をかけて手伝おう

反対に自分が困ったときは，周りの人に声をかけて，手伝ってもらえないか相談できるといいね。

協力すれば
ケセラセラ！

目標をよりよい形で達成するためにも，みんなで話しあって協力するといいですゾ!!

ひとりだけでがんばるんじゃなくて，協力しあうことで仕事や作業が進みやすくなるんだね。

衣装係のこと聞いたよ。

ふたりともがんばったね!

マナミさんたちのおかげです。

じつは先生からも相談があるんだ。

蟻巣川アント
リコのクラスメート

ケガでお休みしてる蟻巣川さんが発表会に間に合いそうになくてさ。

だれかに代役をたのめないかな?

けっこう重要な役でしたよねぇ…。

先生!舞台慣れしててセリフ覚えも早い人が見つかりました!

そんなうってつけの人がいたのかい!?

ニャ!?

落語クラブの花鹿さんです。

ただいまご紹介にあずかりました、花鹿出亜二郎でございやす!

お後がよろしいようで!

自己紹介

どうしてもセリフが落語調になっちゃうんですけど…。

大丈夫かなぁ…。

ニャア…

# 会社員の休み

週末※や病気・ケガのときに休むのは，小学生も会社員も同じだよ。会社員にはさらに，気持ちよく働き続けられるように，いろいろな種類の休みがあるんだ。

※週末ではなく，平日が休みの会社もあるよ。

## 夏季休暇・年末年始休暇

小学生でいう夏休みと冬休みのことだよ。

> うちの会社の夏季休暇は 5 日間，年末年始休暇は 7 日間くらいだね。

夏休みが
たった5日間!?

> 小学生よりもずっと短い！

## 年次有給休暇（年休）

1 年間で決められた日数まで，好きな日に休める休みのこと。年休で休んだ日はお給料がもらえるよ。

> 年休を使えば，平日に休むこともできるってわけ♪

## 産前産後休業（産休）

赤ちゃんを産む前と産んだ後に，お母さんがもらえる休み。

私は，リコが産まれる1か月半くらい前から産休をとったよ。

## 育児休業（育休）

赤ちゃんを育てるために，お父さんとお母さんがもらえる休み。

産休が終わった後も，リコが1歳になって保育園に通い始めるまでは，育休で会社を休んでいたよ。

## 慶弔休暇

家族の結婚式やお葬式があるときにもらえる休み。

年休や産休，育休は法律で決まっているけど，その会社限定で特別な休みがもらえる場合もあるよ。

誕生日休暇

猪上さんの企画は大狼部長のOKをもらったってお母さん言ってたな。

ふむふむ…

私の仕事は猪上さんのサポートをしながら、自分の企画のアイデアを考える、か。

とらい、せんぱ～い…。

ど…どうしたの!?

焼き鳥屋さんに仕事を断られましたっス……。

えっと…猪上さんの企画の焼き鳥味スナックにアドバイスをもらうんでしたよね？

最初は乗り気だったんスけど…

全国焼き鳥コンテスト

焼き鳥コンテストに出場するとかでダメらしいっス……。

ほかにお願いできる人を探してるんスけど…

あさっての打ち合わせには間に合いそうにないっス……。

うわ～～…

ど…どうしようトラバッホ…。

問題が起きたときはとにもかくにも「すぐに報告」ですゾ！

# 問題が起きたら報告しよう

会社で問題が起きたら，上司に報告をするんだ。学校でも何かトラブルが起きたら，先生や信頼できる大人に報告するようにしよう。ここでは，報告するときのポイントを紹介するよ。

## 問題が起きたら…

### 自分の状況を確認しよう

焼き鳥屋さんに断られた

あさってた打ち合わせがある

問題が起きてもあわてずに。何が起きているかを整理して，伝えなくてはいけないことをまとめておけば，落ち着いて報告することができるね。

### 報告するための準備をしよう

何を聞かれるかなー…？

ほかにたのめる人は？

打ち合わせの日はずらせないのか？

報告する相手に聞かれそうなことを考えて，それをきちんと伝えられるようにしておこう。

## 伝え方

### 自分から報告

部長！今よろしいですか!?

何か問題が起きたら，できるだけ早く報告しよう。

### 結論から伝える

仕事を断られてしまいました…。

代わりの人も見つかってません…。

まず，何が起きたかを伝えてから，くわしい説明をしよう。

### 具体的に伝える

焼き鳥味ストックの件で…

あさっての打ち合わせはずらせません…。

具体的な言葉で正確に伝えると，相手もわかりやすいよ。

大狼部長…今、よろしいですか？

なんだ？

じつは…猪上さんの新企画ですが、焼き鳥屋さんに仕事を突然断られてしまいました。

あさっての打ち合わせに間に合いそうにありません。

ふむ…たしか焼き鳥味のスナック…だったな？

はい。

私だ…。至急仕事をたのみたい。

ああ……そうだ。

私の知り合いが引き受けてくれることになった。

打ち合わせもあさってでいいそうだ。

プルルル…

通話終了 1:15

ギィ…

ありがとうございました。

うむ。たのむぞ。

よかった～♪

報告って大事なんだね！

あんなウラ取引みたいな雰囲気出さなくてもいいんですゾ…。

# フミノ、美容院へ行く

※決算…会社やお店などで、収入や使ったお金などをまとめて計算すること。
※確定申告…89ページを読んでみよう。

# 美容師のアキラは会社員じゃない!?

会社からお給料をもらって働く「会社員」とちがって，個人がお店をもって自分で事業をすることを「自営業」というよ。アキラは自営業の美容院を経営しているんだ。

| 会社員 | 自営業 |
|---|---|

働く場所や日数，時間，休みの日が決まっている。

自分の働き方を，自分で自由に決めることができる。

勤める会社の方針や目的に沿って働く。給料は会社が決める。

自分のやりたい仕事を自分の考えでやる。収入は自分次第。

税金を会社が計算して給料から支払ってくれる。(→ 41 ページ)

税金を自分で計算して納める，「確定申告」をしないといけない。

立場によって意見はちがう

猪上殿の企画の企画は順調そうですなぁ。

はいッス！

ああ、打ち合わせに行くぞ！

ひょこっ

スゴーい

私も自分の企画をがんばらなきゃ！

ナナコさんには「甘いものでほかに候補がないか考えてみて」って言われたけど、

私としてはやっぱりイチゴパフェ味がいいなぁ。

ほかの部署の人とか、いろいろな人の意見を聞いてみるのはどうですかな？

企画案
・イチゴパフェ味

営業部

パフェってことは少し高級そうな商品になりますか？

子ども向けならたくさん入って安い商品のほうが売れますから、そういうのを作ってほしいです。

ふむふむ

90

# 意見が食いちがったときはどうする？

チームで何かを決めるときには，意見が食いちがうことがあるよ。それは，立場や考え方がちがうからなんだ。みんなの意見を大切にしながら，考えをまとめることができるといいよね。

## ①相手の意見を最後まで聞く

相手の意見を尊重することが，おたがいの考えを理解することにつながるよ。

## ②意見を比べてみよう

みんなの意見を比べて，同じところとちがうところを確認すると考えを整理しやすいよ。

## ③考えをまとめる

それぞれの意見のいいところを合わせるなど，みんなが納得できるように，考えをまとめよう。

ふつうって言われないようにするには…

オリジナリティーかぁ…。

オリジナリティー、つまり、ほかにはないこの商品だけの魅力を見つけることが大事ですよ。

ですよ——！
ですよ…！
ですよ…！

ナナコ！企画を考えたんだけど聞いてくれる！？

おお！どんなの！？

大人気分を味わえるイチゴパフェチョコ！パフェグラス風のパッケージに入って…。

なんだかよさそう♪

ウキャ♪

一箱なんと20円！

安くしすぎよ！

価格でオリジナリティー出さないで！

ウハ

フミノの企画部の会議が近づいてきて、

焼き鳥味スナックの試作品作りも進んでいるわね。

せんぱ〜い…たちぃ…！

また泣いてるの!?

うわぁぁ

焼き鳥の香りを出すのに使うネギなんですけどぉ…

いつもたのんでる農家さんに聞いたらぁ…

「うちではネギ作ってないよ」って言われちゃったっス〜…！

確認してなかったんですか!?

うわ〜ん！

試作品には実際に使うネギじゃなくてもいいから、

来週までにネギを作ってる農家さんを探すしかないわね。

見つからなかったらまた大狼部長に相談してみます！

すみませんっス〜…。

くはぁ！

何やってんのモ〜…

94

あ！この部分まちがってる！

え!? どこ!?

原材料の表！全部の項目を足すと120％になっちゃう！

ほかにもあるかも！

全部確認しましょう！

ぼくもやるっス〜…。

くはぁ…

また!?

それにしても、フミノが数字のまちがいに気付くなんてめずらしいね。

いつも経費精算※のとき計算まちがえて経理部におこられてるっスもんね。

む…娘が算数大好きだから私も最近勉強してるんだよね…。

あのフミノが計算できるようになるなんて…。

ぼくも計算苦手なんで。

今度から計算は虎井先輩にたのむっス！

お母さん！ごめ――ん！

へくちっ！

あたしゃうれしーよ…。

# ミスを見つけて解決しよう

トラブルをふせぐには，「確認不足なところがないか」「何か問題がかくれていないか」を注意深く考えることが大切。小さなミスが大きなトラブルにつながることもあるから，気を付けよう。

## ミスを発見できると…

**トラブルをふせぐことができる**
今のままで OK だと思うものでも，もう一度見直してみよう。もしミスを発見して解決できれば，トラブルをふせいで，よりよい成果を出すことができるんだ。

猪上さんの資料をもう一回見ておこう。

テストを提出する前に見直しをして，うっかりミスに気付ければ，その分，点数が上がるのと似ていますゾ！

## ミスを発見するには…

### 「当たり前」をうたがう

ウキョ！
日付まちがってるじゃん！

「当たり前にできているだろう」と思っていることにも，ミスがかくれていることがあるよ。

### 小さなことも相談

これ合ってる？
どれどれ？

少しでも気になることがあったら，周りの人に相談しよう。思わぬミスが見つかることがあるよ。

# 残業って大変なの？

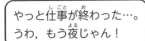
やっと仕事が終わった…。
うわ，もう夜じゃん！

はぁ…

やっぱり今日は
残業になっちゃったねぇ。

## 残業ってなんだろう？

会社では，1日に働く時間が決められているよ。その決められた時間をこえて働くことを残業というんだ。

残業!!

| 8 | 9 | 10 | 11 | 12 | 13 | 14 | 15 | 16 | 17 | 18 | 19 | 20 |

仕事　昼休み　仕事

お昼ごはんも
昼休みに
食べるッス！

今日は何食べよっかなー

ヘッポコ製菓では，働く時間は9時30分から18時（午後6時）までって決まってるっスね。12時から13時（午後1時）までは昼休みだから働かなくていいっス。

## 残業をするともらえるお金

残業をした時間の分だけもらえるお金のことを，**残業代**（時間外手当）というよ。

終わんねー…

残業をするとお給料は増えるけど，働く時間が長すぎるのもつらいねぇ。

## 休みの日に働くと…

会社が休みの日に働くことを休日出勤というよ。休日出勤をするとその分のお金（休日手当）がもらえたり，代わりにお休みする日（振替休日）ができたりするよ。

アタシはリコのためにも，なるべく残業や休日出勤はしないようにしてるよ。

けど，しっかり仕事をするには，どうしてもやらないといけないときがあるの…。

お母さん急な残業が入っちゃってまだ帰れないの！

先にお料理だけチンして食べて！

うーん，そうかもしれないね…。

ちょっとわかった気がする…

# ちがった視点からも考えてみよう

マナミちゃんの家。

クラスメートのお母さんたち。

なぜ私がこんなところにいるかといいますと…

昨晩…

明日マナミちゃんの家でママ友の会があるんだけど…

この姿じゃさすがにムリよね…。

しゃーない！リコに行ってもらうか！

ばん！

ええええ！

というわけですわ。

ちーーん…

ご理解いただけた。

あら虎井さん。お口に合わなかったかしら？

100

# いろいろな人の意見を聞こう

考えが行きづまったときには，自分とはちがう経験をもつ人から話を聞こう。自分では想像もしていなかった意見をもらうことができて，そこから新たな発見があるかもしれないよ。

## みんなが食べたいお菓子ってどんなものかな？

手がよごれないお菓子がいいかな。仕事をしながらでも食べられるし，子どもたちの洋服もよごれなくてすみそうだから。

**お母さんとお父さん**

かむ力が弱くても食べられるような，やわらかいお菓子がいいのう。おいしくて栄養もとれると，もっといいんじゃないかな。

**おばあちゃんとおじいちゃん**

日本ならではのもので，お土産に買いたくなるようなものがほしい！ 和食の味をお菓子で再現するのはどうかしら。

**外国人観光客**

畑でとれる野菜を使ったお菓子。
野菜の皮とか，ふだん，捨てられてしまう部分も使えたらいいんじゃないかのう。

**農家さん**

同じ学校に通う友だちでも，一人ひとりちがった経験をしているから，同じことを聞いてもそれぞれちがった意見が聞けておもしろいですゾ！

# いろいろな働き方がある！

アタシはヘッポコ製菓の会社員として働いているけど，世の中にはほかにもいろいろな働き方をしている人がいるのよ。

## 派遣社員

自分がいる会社とは別の会社に行って働く会社員のこと。決まった仕事を，いろいろな会社に行ってすることが多いよ。

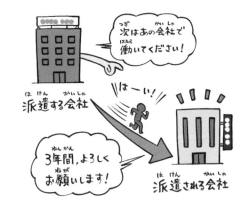

次はあの会社で働いてください！

はーい！

派遣する会社

3年間，よろしくお願いします！

派遣される会社

## パート・アルバイト

1日のうちの限られた時間だけ働く人のことを，パートやアルバイトとよぶよ。1時間働くともらえるお金（時給）が決まっていて，働いた時間に合わせてお給料をもらう人が多いんだ。

時給 1028 円
×
6時間
↓
1日 6168 円

## 公務員

国や地域の人のために働く人のこと。学校の先生や警察官，消防士，市役所で働く人など，いろいろな仕事をしている人がいるよ。

## 自営業

89 ページで紹介した美容師のアキラ以外にも，いろいろな自営業をしている人がいるよ。

たとえば…

### 青果店

### たこ焼き店

### イラストレーター

私のように，いろいろな会社からたのまれた仕事をする自営業のことを，フリーランスとよぶことがあるわ。

# アイデアってどう出すの?

いよいよ明日はリコ殿の企画の会議ですな!

これまでいろんな人の意見を聞いてきましたが、何かヒントはつかめましたかな?

じつはいろんな意見がありすぎて、これ!っていうアイデアが出ないんだよねー……。

あらぁ…

アイデアが出てこないの?

まずはリコがいちばんやりたいことは何?

子どもたちがわくわくするようなお菓子を作りたいな。

あとはトラバッホを見てたら、動物をデザインに入れたくなってきた。

テレますなぁ♥

なるほどね。トラバッホはどう思う?

106

パフェですから、イチゴ味だけじゃなくほかの味も作ってみては？

チョコバナナとか。

それも私も考えてた！

あとはイラストとか写真とかを集めて、

どんなお菓子にしたいかイメージをふくらませるのもいいわよ！

さすがお母さん！

企画のプロ！

そういえばリコって同じクラスの蝙蝠谷くんと仲いーい？

あんまり話したことないな。

今日、蝙蝠谷くんがお母さんの大好きな映画の話をしてたから、つい話しかけちゃったの。

また入れかわったらその話題になるかもしれないから、映画を見ておいたほうがいいかも。

見る時間あるかなぁ？

何時間くらいの映画なの？

3時間の映画で「裏切りのデスゾンビ」っていうんだけどね。

27シリーズまであってぇ…。

見られるかぁ！

3時間×27シリーズ
＝
81時間!!

# アイデアを出すときのコツ

アイデアを出す方法にはいろいろなものがあるよ。ここでは，アイデア出しの「基本」を見てみよう！

## なんでも書き出す

「ふつうかも」「これじゃダメかも」と思ったとしても，思いついたものは，なんでも書き出してみよう。

## 弱点を解消する

アイデアの弱点やマイナスな点を見つけて，それを解決できないか，という視点で考えてみることが大切。

## 絵や写真を集めてみる

絵や写真を使うと，ほかの人もアイデアをイメージしやすくなって，相談しやすくなるね。

## 分類と整理をする

似ているアイデア同士をまとめて，整理しよう。新たな気づきがあるかもしれないよ。

## みんなで意見を出しあう

ひとりで考えるよりも，たくさんのアイデアが出るよ。それを整理して，さらによいアイデアに発展させていこう。

110

ドズ〜〜ン…

大道具係が
衣装にペンキを
こぼしちゃって…。

ぐすん…

こ…これは
洗っても
落ちないね…。

……。

どんより…

なんで
こんなことに
なるの〜…。

やばいぞ…
みんなの
やる気が…。

どーすんだよ！
作り直してる
時間なんてないぞ！

わぁん…

蝙蝠谷さん！

確か、台本係で
映画好きだった
よね!?

好きな映画は
「裏切りの
デスゾンビ」。

27シリーズもある

裏切りの
デスゾンビ

そ…
そうだけど…？

ちょっと
相談があるの。

は…はいぃ？

# みんながやる気をなくしたら！？

みんなのやる気を引き出すためには，声をかけてコミュニケーションを取ることが大切だよ。何か問題がある場合には，解決策を話し合えるといいね。

### 相手の話を聞く

気が進まない様子の人がいたら，まずはその人の話を聞こう。

### 目的を再確認する

なんのために取り組むのか，みんなで決めた目的を思い出すのが大切だよ。

### 得意なことを生かす

一人ひとりの得意なことを生かせないか考えて，相談するといいね。

### 期待の気持ちを伝える

はげます言葉や期待の気持ちを伝えて，みんなを元気づけよう。

### 感謝を伝える

協力してくれたときには，必ずお礼を言って，感謝の気持ちを伝えよう。

2章 学校も会社も大変だ！

# 会社でもバレちゃった！

114

# 3章

## ついに本番！

ふーん……。

じゃあ、このトラバッホってやつが来てから

リコとリコのお母（かあ）さんが入（い）れかわってるわけか。

シュウ殿（どの）！よろしくお願（ねが）いしますゾ！

なんで入（い）れかわっちゃうんだよ？

いやあワタクシもよくわからず……。

リコが突然（とつぜん）実行委員（じっこういいん）やるとか言（い）い出（だ）すんだもん……。

おかしいと思（おも）ったんだよなー……。

ゴメン……

あ！ってことはもしかしてあのときも……！

な……何（なに）!?

バッ！

ドタドタドタ

116

# 挑戦することが大切！

大人も子どもも，新しいことや苦手なことに挑戦すれば，失敗することもあるよ。けれども，そこから学ぶことができれば，失敗も貴重な経験に変えることができるんだ。失敗をおそれずに，挑戦してみよう！

### 失敗は次に生かせる

失敗してしまった…。

準備不足だったかな…。

失敗するのは，悪いことでもはずかしいことでもないよ。その失敗から学んで，成長できるチャンスなんだ！

### 成功すると自信がつく！

今日は発表がうまくできた♪

たとえ完ぺきにできなくても，うまくいったところが少しでもあれば自信につながるよ。

### さらに挑戦しようと思える

音楽劇のあいさつも私ならできるかも！

メラァ…

挑戦した結果，成功して自信がつくと，もっと挑戦してみようという前向きな気持ちになれるよ！

失敗して落ちこむのは，だれにでもあることですゾ。
ケセラセラ！　いつまでもくよくよしないで，失敗と向きあうことができるといいですな！

失敗

3章 ついに本番！

※正解は 30 × 1000 = 3万 g だよ！

今日やるのはナナコさんが作った資料の確認か。

ToDoリスト
・ナナコの資料チェック

資料

チェックお願い。

え〜っと…今日はフミノ？リコちゃん？どっち？

あ…やっぱりバレてましたか。

フミノから全部聞いたよ。

大変ね—…

今日はリコです。

夕べまた入れかわっちゃったんです。

やった♪その資料、数字が多いからね！

簡単な算数なんだけどフミノじゃ不安で…。

どんだけ計算できないんだろあの人…！

え？今日の虎井先輩は虎井先輩じゃなくてリコ先輩なんスか？

120

**3章** ついに本番！

# わかりやすい資料を作るコツ

資料を作るときのコツと確認することについて紹介するよ。わかりやすくて正確な資料作りを目指そう！

## 作るときのコツ

「だれに」「何を」「なぜ」伝えるのか，資料を作る目的をはっきりさせておこう。

正確な情報や具体的な例をのせて，説得力をもたせよう。

学校での調べ学習や，自由研究のまとめを書くときにも役立ちますゾ！

ほかの人にも見せてアドバイスをもらうと，よりよい資料にするヒントが手に入るよ。

## 確認すること

☑ **文字のまちがいがないか**
文字がぬけていないかや，漢字がまちがっていないかを確認しよう。

☑ **数字のまちがいがないか**
計算や数字がまちがっていないかを確認するのも大切だよ。

☑ **情報がまちがっていないか**
本などで調べたことと，資料にのせた内容がくいちがっていないかも忘れずチェック！

資料を紙にプリントして声に出して読むと，ミスを見つけやすいですゾ！

# 得意なことをのばそう!

今日もフミノがリコちゃんで助かるわ〜。

いっそのこと虎井先輩はずっとリコ先輩でいいっスよね。

ちょっと—冗談はやめてくださいよ…。

どうしてリコちゃんはそんなに数字に強いの?

あ—それは…。

3歳のころからそろばん教室に通ってるんです。

お母さんが算数苦手で苦労したからって…。

今はそろばんが楽しいから続けてるだけなんですけどね。

計算が得意なら、将来は公認会計士になるといいっスよ!

プログラマーもいいんじゃない!?

124

# 得意な分野のスペシャリストを目指そう

どんな人にも得意なことと苦手なことがあるよ。得意なことはもっと得意になれるように取り組んでみよう。

## 自分の「得意」を見つけよう

全国そろばんコンクール

満点賞

算数の宿題
楽しいなぁ♪

さすがリッさん…
パチェ
パチパチ

ほかの人よりも速く、正確に、上手にできるなら、それはきっと得意だからだよ。

得意なことは、不安やストレスを感じずに取り組める場合が多いよ。心や体への負担が少なくて済むんだ。

積極的に得意なことに取り組むと、さらにレベルアップできて、自信が付くね！

得意なことは、将来の仕事にも生かすことができるよ！

## 自分の「得意」はだれかの「苦手」かもしれない

こうするといいよ！

なるほど！

どうしても苦手なの…！

お願い！

任せろ！

だれかが、その人の苦手なことで困っていたら、自分の得意なことで、手助けできるといいね！

どうしても苦手なことは、得意な人に手助けをしてもらおう。学校でも会社でも助けあうことが大切だよ。

# 民俗学者 ケイタの働き方

そういえば，海外に行ってるお父さんは，どんなふうに働いているんだろう？

リコ殿のパパ殿のことですな？

どこかでお会いしたような…

虎井 ケイタ
リコのお父さん

世界中のさまざまな場所の文化を調べる仕事をしているよ。テレワークをすることで，世界のどこにいても，会社に行くのと同じように働けているんだ。

## テレワーク

パソコンなどを使って，会社などに行く代わりに別の場所で働くこと。

打ち合わせや会議をするときにはWeb会議をしているよ。

## Web会議

パソコンやカメラを使い，インターネットを通じて，はなれた場所にいる人と会議をすること。

ほかの国にいる人とWeb会議をするときは，時刻のちがい（時差）に気を付けないといけないよ。たとえば日本が昼のときは，アメリカは夜なんだ。

128

プレゼンや学校の発表会のように，人前で話すときには，話し方にコツがあるよ。

### メモを用意しておく

話す内容や順番が整理できて，落ち着いて発表できるよ。

メモは見すぎないようにして，聞いている人たちに視線を向けるといいぞ！

### 大きな声でハキハキと

遠くの人にもよく聞こえるようにしよう。

### 話の始めで興味を引く

結論から話したり問いかけたりすると，聞く人の興味を引きやすいんだ。

### 言葉につまったら

❌

「えーっと」や「あー」といった言葉は使わずに，間を作るようにしよう。

### 語尾をはっきり言う

❌

もじもじしていると，自分の話に自信がないことが相手に伝わってしまうよ。

以上だ。

聞く人たちに「しっかり伝えたい」という気持ちで話すといいぞ。

アドバイス、ありがとうございました!

ところでそのペンケース…。

え?

いや…昔、とある国の村で見たことがあってな…。

その村の工芸品だったのだ…。

あまりにも似ていてな…。

ど…どこにでもあるペンケースだと思いますよ〜…。

そうか…他人の空似ということもあるしな…。

ん?他人…?

他トラ…?

他ペンケース?

他ペンケースの空似…?

他ペンケース…!

クックック…!

クックック

部長さんの笑いのツボがわかんない…!

130

# トラバッホの正体

しかし働き足りない彼の魂は祭壇を夜な夜なぬけ出し、

仕事を探して世界中をさまようようになった。

見かねた族長さんは秘伝のケロ魔法で彼の魂をペンケースに封印した。

その青年の名前こそトラバッホ！

族長サンは言っていル。ほかのペンケースにまぎれこんでしまッタので探してほしいと。

そのペンケースは今どこに？

うんうん

3か月後…。

これで最後…？

おかしイ…村中のペンケースを調べたのに…。

ふー！

どんだけあるんだこの村には…！

となると残りは…

この前買ったペンケースしか…。

まさかあれガ!?

じゃア今ごろ娘サンのところに!?

急いで日本にもどろう！

族長さんもいっしょに来て！

えらいこっちゃ！

134

## 発表直前の緊張のほぐし方

緊張していることに気が付いたら，リラックスすることを心がけよう。本番直前でも，できることがあるよ！

### 発声練習をする

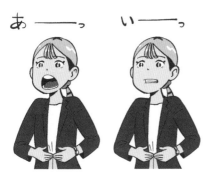

体の力をぬいて，大きな声を出してみよう。深呼吸といっしょで，緊張がやわらぐよ。

### 笑顔を作ってみる

表情につられて，不安な気持ちが減るよ。ストレス解消にもなるんだ。

### ルーティンをする

「これをすると安心できる」という決まった動き（ルーティン）を考えて，毎回やってみよう。いつも通りの自分を思い出せて，落ち着くよ。

深呼吸をしたり，ストレッチをしたりするのもいいですな。
54ページも参考にしてくだされ！
やるだけやったら，あとはケセラセラ〜ですゾ！

# こう考えればこわくない！

### 聞く人は敵ではない

みんな私と同じ人間…！

聞く人も「自分と同じただの人間だからこわくない」という意識をもってみよう。

### 言葉につまっても大丈夫

・・・・・・！

いったん落ち着こう…。

あわてない
あわてない。

少しくらい言葉につまっても，全部が台無しになるわけじゃないよ。気にしないことも大切！

よし！緊張が収まってきた！

あとは…このデータを…。

あ…あれ!?

パッケージのデータがない！

まちがって消しちゃったみたい…。

ええっ!?

何か代わりになるものない？

代わりに…？

そうだ！トラバッホ！

ちょっと協力して！

な…なんなりと！

138

ケロ魔法　雨の型「ミピョコピョコ」！

シュウ…

ギャ ギャ ギャ

お…
収まった……。

トラバッホ！

族長さん
日本語
しゃべれたの？

昔、村に来た
日本人に
教わってのう。

若かりころの
大狼部長

ワタシより
ウマイ！

ガイド

ポトッ

う…
う〜ん……。

あ！
大丈夫！？
トラバッホ！

ワ…
ワタクシは
いったい…？

封印されていた
魂が暴走し
かけたのじゃ。

リコーっ！